CRÉATION DE RICHESSE

VOTRE VOIE VERS LA LIBERTÉ FINANCIÈRE

CRÉATION DE RICHESSE

CONTENU

Quelques étapes pour vous aider à devenir riche

Attirez la richesse que vous méritez

Richesse automatique: Internet le permet

Construire les étapes de la sécurité financière I

Construire les étapes de la sécurité financière II

Créer de la richesse grâce à des coentreprises

Mythes communs sur la création de richesses

Avez-vous un objectif de création de richesse?

Supprimer les obstacles personnels à la richesse

Comment un millionnaire gère un dollar

La surveillance de vos finances révèle des leçons inestimables

Calcul du ROI avec précision

Secrets de la création de richesses scientifiques - Diversification

Secret de liberté financière

Devriez-vous utiliser un courtier en gestion de patrimoine privé?

Les 5 lois inébranlables de la création de richesse en ligne

L'habitude automatique de création de richesse

Le chemin vers la vraie richesse

Le seuil entre création et destruction de richesses

Les vrais déterminants de la création de richesse

Les deux plus grands voleurs en matière de création de richesse

Le système ultime de création de richesse

La création de richesses : un avantage de l'accession à la propriété

Vous vous demandez pourquoi il ne s'enrichit pas rapidement

CRÉATION DE RICHESSE

Quelques étapes pour vous aider à devenir riche

Vos stratégies avancées de planification successorale ne doivent pas consister à faire cavalier seul. La clé pour faire progresser votre patrimoine est de constituer une équipe de conseillers de qualité. L'accroissement de votre richesse ne peut et ne doit pas se faire par vous-même. Beaucoup de gens font l'erreur de tout faire eux-mêmes. Tout faire soi-même, c'est bien, mais si vous voulez augmenter votre patrimoine, vous aurez besoin de conseillers. L'argent est une question émotionnelle pour beaucoup de gens. Lorsque vous avez du mal à le gérer, c'est la façon dont vous et votre équipe gérez ce conflit qui compte.

Vous devriez d'abord engager une personne spécialisée dans les questions de comptabilité. Ce professionnel vous aidera non seulement à accroître votre richesse, mais vous donnera également un aperçu de la façon dont votre argent circule. Vous pouvez ainsi savoir si vos dépenses vous aident ou vous nuisent. Beaucoup de gens font leur propre bilan, mais il faut un avis extérieur. La somme d'argent que vous gagnez n'a aucune importance lorsqu'il s'agit d'engager un comptable. Que vous gagniez 250 000 $ par an ou 25 000 $ par an, vous devriez toujours avoir votre propre spécialiste. Une fois que vous avez votre comptable, vous pouvez maintenant revoir vos finances mensuelles. Vous verrez quelles sont vos bonnes et mauvaises habitudes de dépense. Vous pouvez alors vous efforcer d'éliminer les mauvaises habitudes de dépenses et d'en augmenter les bonnes.

Le prochain conseiller que vous devriez avoir doit s'occuper parfaitement de vos finances. L'embauche d'un bon conseiller financier est l'une des meilleures décisions que vous puissiez prendre. Il ou elle peut vous aider à planifier votre retraite et d'autres choses.

Pour les conseillers que vous avez déjà, vous devrez les compléter par un stratège fiscal. Peu importe que vous soyez indépendant, que vous possédiez votre propre entreprise ou que vous ayez un emploi de 9h à 17h. Il est essentiel de faire appel à un stratège fiscal, car vos yeux s'ouvriront lorsque vous verrez comment l'argent est taxé pour différentes personnes. Vous verrez également comment les gens sont pénalisés par des impôts plus lourds lorsqu'ils génèrent un certain type de revenus.

Il est important de noter que tous les spécialistes des différents sujets à discuter doivent être choisis avec soin. Ne vous contentez pas d'engager un conseiller qui gagne de l'argent grâce à ses honoraires. Vous voulez un conseiller qui pratique ce qu'il prêche et qui y parvient. Il peut ainsi vous aider à élaborer de nombreuses stratégies avancées de planification successorale.

Attirez la richesse que vous méritez

Est-ce bien lorsque vous avez de gros dépôts à la banque, de nombreux biens de valeur, une abondance de tout ce qui a de la valeur ? Presque tout, la richesse mesurée se trouve dans les facteurs monétaires. On dit que les gens sont riches quand on voit leurs grands manoirs, leurs différentes voitures, leurs nombreux bijoux ou leurs vêtements coûteux.

Nous évaluons la richesse en fonction des biens matériels, mais il est également important de mettre en évidence la richesse mentale, spirituelle et familiale. La richesse doit être le canal de l'abondance. La richesse matérielle peut être héritée ou créée. Certaines personnes naissent riches, d'autres ont besoin de se construire à partir de zéro pour y parvenir. La richesse engendre plus de richesse si vous savez comment la gérer.

Ensuite, plus vous avez d'argent, plus vous devenez riche. La richesse offre de nombreuses opportunités et ouvre des portes qui peuvent être fermées. Elle élève votre statut social et vous donne du pouvoir. Posséder beaucoup d'argent, c'est le paradis sur terre. Vous pouvez acheter ce que vous voulez, aller où vous voulez, et avoir ce que votre cœur désire. Lorsque vous réalisez que votre argent travaille pour vous et qu'il commence à se reproduire, vous devez toujours être clair sur le fait que vous devez prendre conseil non seulement sur votre éducation financière. D'autres piliers seront très utiles, ces soutiens sont liés à la spiritualité. La méditation et le yoga sont des outils importants pour vous permettre de continuer à construire et à renforcer votre richesse. Une fois que vous aurez obtenu le résultat escompté, vous atteindrez l'**ABONNEMENT ABSOLU**.

Dans certains cas, la richesse peut affecter les gens. Cela peut être dû à des facteurs tels que le manque d'éducation financière, car lorsque vous avez un capital élevé à l'improviste (soit vous gagnez à la loterie) et que vous ne disposez pas des bons outils pour savoir comment le gérer, ainsi que les revenus de ce capital, de la même manière qu'il se comporte. Même pour certaines personnes, l'obtention d'un revenu très élevé leur a fait mener un niveau de vie si cher qu'il était insoutenable dans le temps. Il est important de souligner que l'argent ne fera pas de vous une personne égoïste avec un désir de mal. Il ne fait que renforcer votre essence. Si vous êtes égoïste, cela vous rendra plus égoïste, si vous êtes avare, cela vous rendra plus avare. Si vous ne l'êtes pas, vous serez plus généreux et plus charitable envers vos pairs.

Maintenant, dites-moi, que signifie la richesse pour vous ? La richesse, comme nous l'avons dit précédemment, n'est pas seulement la quantité d'argent que nous avons, mais plutôt un état d'esprit. Certaines personnes passent leur vie entière à avoir une richesse abondante et n'ont pourtant que peu de temps pour en profiter. C'est pourquoi vous devez profiter de ce que la vie et vous avez accompli. Prenez quelques minutes par jour pour être reconnaissant, pour être satisfait par la nature. Profitez de votre famille, de vos amis. Vous êtes venu au monde pour être heureux, alors ne le gaspillez pas.

Richesse automatique: Internet le permet

Atteindre la richesse et la prospérité est un rêve que presque tout le monde a, mais peu le réalisent. Pourquoi ? Le citoyen moyen est coincé dans une ornière avec un emploi qu'il n'aime pas et, dans de nombreux cas, avec une dette écrasante. Ce cycle est difficile à rompre, mais de nombreuses personnes le font et atteignent leurs objectifs financiers grâce à l'internet. L'internet a permis à des millions de personnes de créer automatiquement des richesses, et il y a encore de la place pour vous, alors excitez-vous et mettez-vous au travail.

Elle crée de la richesse avec plusieurs sources de revenus et non pas seulement une:

Avec l'Internet, vous avez la possibilité de créer automatiquement de la richesse, et pas seulement un revenu. Vous pouvez créer plusieurs entreprises automatiques jusqu'à ce que vous atteigniez la prospérité, directement depuis votre ordinateur personnel. L'internet crée le meilleur paquet de richesses parce qu'il est si vaste dans le nombre de personnes qui l'utilisent.

Vous pouvez choisir parmi des milliers d'idées d'entreprises et également choisir un petit marché pour votre entreprise. Cependant, un petit marché en ligne peut représenter beaucoup d'argent pour vous car il peut contenir des milliers ou des millions de clients potentiels dans le monde entier. L'internet vous relie au monde extérieur et ne vous limite pas à ceux qui passent en voiture ou à pied devant votre magasin local. C'est un levier très puissant et bénéfique. Vous pouvez avoir plusieurs sources de revenus, comme nous le verrons plus loin dans ce livre électronique. Vous pouvez le maîtriser, mais pour cela vous devez faire une étude de marché sur ce que vous voulez en faire. Ne vous laissez pas envahir par la peur, je ne peux pas, ce n'est pas pour moi. Prenez le contrôle de votre vie et agissez, car si vous n'allez jamais dans l'eau, vous ne saurez pas quel sentiment magnifique vous procure le fait d'avoir la peau qui coule, mais gardez à l'esprit que si vous allez dans l'eau mais ne savez pas nager, vous vous noierez. C'est pourquoi il faut d'abord enseigner ce que l'on fait et ensuite agir.

L'entreprise automatisée

Une autre raison pour laquelle il est plus facile de s'enrichir automatiquement en ligne est que vous pouvez avoir une entreprise automatisée. Automatisé signifie qu'il peut fonctionner en pilote automatique une fois que vous avez conçu votre site web et fait bouger les choses. Vous pouvez recevoir des paiements automatisés par le biais de formulaires en ligne. Vous pouvez automatiser un e-zine (bulletin d'information électronique) pour vos clients. Vous pouvez automatiser les produits de messagerie électronique tels que les livres électroniques ou les supports de formation. Il existe plusieurs façons de créer de la richesse automatisée avec une entreprise sur Internet.

Plus besoin d'attendre son chèque de paie

Un autre avantage d'une entreprise sur Internet est que vous pouvez recevoir des paiements quotidiens par l'intermédiaire de votre site web. De nombreux propriétaires d'entreprises en ligne acceptent les cartes de crédit ou font appel à un organisme tiers de traitement des paiements tel que PayPal ou StormPay pour accepter les paiements de leurs clients. Par ces endroits, l'argent va directement sur votre compte. Vous disposerez ainsi d'un flux de trésorerie régulier pour votre entreprise, ce qui vous permettra de disposer d'un capital pour vos revenus, vos promotions commerciales et vos stocks.

Conseils pour construire une richesse automatique:

- Utilisez votre temps libre à la maison pour surfer sur Internet et trouver des opportunités commerciales qui vous intéressent.

- Rejoignez une ou plusieurs personnes qui ont déjà réussi afin d'apprendre les bases du commerce en ligne. Même si vous devez faire un petit investissement, cela peut en valoir la peine.

- Choisissez une entreprise qui vous convient et prévoyez des heures de travail quotidiennes. L'organisation est un des maillons fondamentaux pour un bon développement de votre projet.

- Continuez à construire jusqu'à ce que vous ayez acquis suffisamment de richesse automatique pour quitter votre travail quotidien et vous lancer dans le nouveau monde d'être votre propre patron.

Quelle que soit l'activité Internet que vous choisissez, n'oubliez pas qu'il faut de la patience et de la constance pour la mettre en place. Il en va de même pour tout autre type d'entreprise. Les principales différences sont que vous pouvez travailler depuis chez vous pendant que vous construisez votre Empire. Commencez dès aujourd'hui avec votre nouvelle entreprise en ligne pour réaliser rapidement vos rêves.

Construire les étapes de la sécurité financière I

Nous aimerions tous penser que nous pouvons profiter des bonnes choses de la vie, sans avoir à nous soucier des finances et sans avoir à nous soucier de vieillir, de manquer d'argent, de ne pas être reconnus quand nous sommes dans ce monde et encore moins quand nous le quittons.

Mais si vous vivez actuellement de salaire en salaire, sans pouvoir avancer, sans avoir d'économies, comment pouvez-vous changer les choses? Par où commencer pour internaliser et apprendre les finances ?

La meilleure chose que vous puissiez faire est de vous asseoir, de prendre une grande respiration et de contempler les différences entre les nantis et les démunis, entre ceux qui ont réussi et ceux qui ont échoué. Qu'est-ce qui différencie les nantis et les riches de votre mode de vie ? Quels sont les principes qu'ils utilisent pour créer de la richesse ? Tout d'abord, je dois vous dire que la mentalité est fondamentale. Une mentalité d'abondance apportera l'abondance et une mentalité de pénurie apportera la pénurie. Informez-vous, éduquez-vous, appliquez les concepts que vous avez appris et transformez la puce de la rareté en abondance. Ce premier grand pas vous apportera la confiance nécessaire pour vous initier à cette belle voie de la liberté financière.

Une fois que vous aurez découvert les principes qui ont été utilisés par d'autres personnes ayant créé une sécurité financière, il semble que la seule étape qui vous reste à franchir soit d'essayer de reproduire le processus.

Vous trouverez ci-dessous une liste de certains des principes de la création de richesse. Ces concepts ont été largement utilisés par ceux qui ont déjà créé un énorme capital.

1. utiliser le pouvoir des intérêts composés/croissance

John D. Rockerfeller a un jour décrit l'intérêt composé comme la "huitième merveille du monde".

La capitalisation est également connue sous le nom de vitesse et de temps, car plus le temps est long et plus le taux de croissance est élevé, plus les effets de la capitalisation sont importants.

Le système de plafonnement fonctionne en permettant d'ajouter tout intérêt gagné à l'investissement initial, puis le prochain lot d'intérêts est calculé sur la somme des deux, et ainsi de suite. Les intérêts sont gagnés sur les intérêts. Cela a pour effet d'augmenter de manière exponentielle la valeur d'un investissement.

L'une des façons les plus simples de calculer le fonctionnement des intérêts composés avec différents taux de rendement est de se familiariser avec la règle de 72, qui stipule que "Le nombre d'années qu'il vous faudra pour doubler votre argent est de 72 divisé par l'intérêt (taux de croissance).

Par conséquent, si vous avez investi 1 000,00 $ à un taux d'intérêt de 10 %, le nombre d'années nécessaires pour que votre argent double et atteigne 2 000 000 $ est de 7,2 (7 ans et 2 mois).

72 divisé par 10 = 7,2

2. Utilisez la méthode éprouvée d'investissement dans l'immobilier résidentiel.

CRÉATION DE RICHESSE

Les statistiques montrent que plus de 98 % des millionnaires du monde entier ont gagné leur argent grâce à la propriété.

Cela ne devrait vraiment pas être une surprise, car tout le monde a besoin d'un endroit pour vivre, et généralement au moins un tiers de la population est locataire. La propriété est une nécessité, elle ne peut donc jamais se démoder.

Le besoin de logement augmente avec la population. Par conséquent, les lois de l'offre et de la demande feront en sorte que les prix continuent à augmenter.

Les banques considèrent que l'immobilier est l'un des investissements les plus sûrs et vous prêteront donc un pourcentage élevé de sa valeur. Cela conduit au principe suivant.

3. Utiliser l'argent ou l'équipement des autres est un outil largement utilisé par les riches.

Pourquoi est-il si important d'utiliser l'argent des autres ? La raison en est qu'il est possible d'utiliser un "effet de levier" pour obtenir un résultat plus important que celui que vous pourriez obtenir en utilisant uniquement vos propres contributions. Le mot "levier" vient de "leverage". Comme nous le savons, une petite quantité de force appliquée à une extrémité d'un levier peut produire une force beaucoup plus grande que celle qui était initialement exercée. Un levier a pour effet de multiplier la puissance exercée.

Dans le cas d'un investissement, on parle d'effet de levier lorsque vous n'utilisez qu'une petite partie de votre propre argent, disons un dépôt de 10 % sur une maison de 300 000,00 $ et que vous empruntez (effet de levier) le reste, dans ce cas 90 %. La croissance du capital dont vous bénéficiez est calculée avec la totalité des 300 000,00 $, et pas seulement avec les 30 000,00 $ que vous avez apportés personnellement, ce qui a pour effet de multiplier votre gain en capital.

L'effet de levier vous permet d'acheter un bien immobilier beaucoup plus cher que si vous n'utilisiez que votre propre argent. Le contrôle des actifs de plus grande valeur signifie que la croissance composée a plus à faire et donc que votre valeur nette augmentera beaucoup plus rapidement. Ce phénomène vous permet de constituer un portefeuille d'investissement plus rapidement qu'il ne serait possible autrement.

CRÉATION DE RICHESSE

Construire les étapes de la sécurité financière II

1. apprendre à se fixer des objectifs

La plupart des entrepreneurs et des investisseurs qui ont réussi et qui se sont formés par eux-mêmes ont obtenu leur succès en prévoyant de le faire.

Ils se sont fixé des objectifs et les ont atteints. Ils investissent du temps dans la lecture et l'apprentissage de la création de richesses et sont heureux d'apprendre des erreurs et des expériences des autres ainsi que des leurs. Ils se fixent des objectifs et se rendent compte qu'ils seront beaucoup plus à même de les atteindre s'ils se familiarisent avec les façons d'agir des autres et les choses que les autres ont faites pour réussir. Les personnes riches créent de la richesse en utilisant avec soin les revenus dont elles disposent pour en tirer le meilleur parti. Ils savent que ce n'est pas en travaillant de plus en plus longtemps qu'ils parviendront à la liberté financière, mais qu'ils doivent utiliser ce qu'ils ont et le faire fructifier.

Avoir un objectif vous permet de concentrer vos énergies sur la conception de moyens pour l'atteindre. Lorsqu'une personne prend une décision et commence à se concentrer sur la réalisation d'un objectif spécifique (et mieux encore dans un laps de temps donné), le puissant subconscient se met au travail et commence à jouer avec les idées et à développer des stratégies de différentes manières pour atteindre l'objectif.

Lorsque vous vous fixez un objectif, votre esprit conscient et subconscient commencent à y travailler et à élaborer un plan d'action. Vous commencerez à vous poser des questions sur ce que vous devez faire pour atteindre votre objectif. Beaucoup se retrouvent avec des idées et des solutions surprenantes aux problèmes, mais lorsque des obstacles apparaissent, ils ne savent pas comment les surmonter et vous empêchent d'atteindre votre objectif. Le subconscient est un outil extrêmement puissant. Plus vous vous souviendrez de votre objectif, plus votre esprit travaillera pour l'atteindre. Certaines personnes trouvent des réponses qui leur viennent pendant leur sommeil.

Avez-vous déjà remarqué qu'il n'y a pas de corrélation entre le fait d'être riche et un QI élevé ou un diplôme universitaire ? S'il y en avait, tous les médecins et les diplômés de l'enseignement supérieur seraient riches, et comme le montrent les statistiques, la plupart d'entre eux se retrouvent dans la même situation que 95 % de la population.

Fixer des objectifs vous aide à concentrer votre énergie sur le développement de stratégies viables à long terme et vous permet de voir la situation dans son ensemble. Une fois que vous avez une vue d'ensemble, vous pouvez développer de petits objectifs secondaires. Les objectifs secondaires sont de petits objectifs simples qui peuvent être suivis pas à pas. Au fur et à mesure que vous atteindrez vos objectifs secondaires, vous vous rapprocherez de plus en plus de vos objectifs primaires. Les objectifs sont simplement des plans de réussite. Il est dit que si "vous ne pouvez pas planifier, alors vous prévoyez d'échouer. Les objectifs vous aident à rester motivé. La réalisation progressive de vos objectifs peut vous procurer un merveilleux sentiment de satisfaction.

2. Apprendre à établir un budget

L'établissement d'un budget ne doit pas être fastidieux. Il vous suffit de disposer d'informations sur vos finances, d'un plan pour les réaliser et de faire preuve de discipline :

Quels sont vos revenus ? Quelles sont vos dépenses habituelles ? Et assurez-vous que toutes vos autres dépenses sont inférieures au montant restant. Cela vous permettra de commencer à épargner et à investir. L'établissement d'un budget vous permet de contrôler vos finances.

3. Se renseigner sur les investissements, en particulier les investissements immobiliers

Apprenez à faire des recherches sur le marché de l'immobilier, afin d'acheter des biens qui vous assurent non seulement un bon rendement locatif, mais aussi la meilleure croissance du capital possible. Lisez des livres sur les investissements, lisez des autobiographies de personnes qui ont réussi, parlez à des personnes qui ont réussi à faire ce que vous voulez faire. Plus vous en apprendrez, plus il vous sera facile de reconnaître un bon investissement.

Découvrez les vitesses négatives, neutres et positives, et comment il s'agit d'un outil inestimable qui vous permettra de constituer une base de richesse dans un délai accéléré, par rapport à ce qui se passerait si vous n'investissiez que vos propres dollars durement gagnés.

Une fois que vous serez éduqué et que vous comprendrez ce marché, vous saurez pourquoi investir dans l'immobilier est un outil si puissant, et vous pourrez vous engager sur la voie de la sécurité financière.

CRÉATION DE RICHESSE

Créer de la richesse grâce à des coentreprises

Presque tous les milliardaires d'aujourd'hui ont construit leurs empires dans le cadre d'une sorte de joint venture. Dans le passé, les entreprises communes étaient fondées sur des fusions, des amitiés, des réseaux et des alliances. L'Internet a introduit des entreprises communes qui travaillent pour associer les éditeurs de sites web avec des produits qu'ils peuvent vendre.

Les principes fondamentaux qui sous-tendent les entreprises conjointes sont tout à fait logiques sur le plan commercial. Il est souvent moins cher de payer à un site web riche en contenu un pourcentage des ventes ou une redevance pour le trafic entrant, en échange d'une exposition.

Le web s'efforce de relier les sites riches en contenu aux petites entreprises. Mais, comme pour tout le reste, il y a une bonne et une mauvaise façon de créer une entreprise.

Programmes d'affiliation

L'un des plus populaires sont les programmes d'affiliation gérés par Commission Junction, Click Bank et le programme de conformité d'Amazon. Cela permet à l'éditeur web de choisir les produits à promouvoir. En retour, la petite entreprise reçoit un outil de "prévente" et un trafic accru.

Cependant, tous les éditeurs de sites web ne sont pas les mêmes. Beaucoup ne comprennent pas les subtilités de la prévente. Ils pensent que leur seul but est de créer un "placeholder" sur le web pour que l'annonce apparaisse.

Cela est frustrant pour le propriétaire d'une petite entreprise qui paie pour des milliers de clics mais réalise relativement peu de ventes.

La plupart des entreprises lèvent la main après quelques mois et crient : "Y a-t-il quelque chose de mieux?

La réponse est simple : oui.

Il existe des milliers de possibilités de coentreprises. Il y en a probablement moins d'une douzaine qui sont légitimes. La plupart d'entre eux, à un prix bien supérieur à celui qu'un professionnel à domicile peut payer.

Cela oblige les professionnels à domicile à faire les choses à l'ancienne. Prenez le temps de surfer sur le web. Si un ou deux sites web offrent un excellent retour sur investissement pour votre campagne PPC (Pay Per Click), visitez le site web.

Si le site web comprend un forum, des blogs, du nouveau contenu, des listes de diffusion, alors la petite entreprise a trouvé une mine d'or. Contactez l'éditeur du site web et demandez-lui s'il serait intéressé par une entreprise commune.

Qualité

La liberté de naviguer sur le site et de rechercher les meilleurs sites de gestion de contenu peut augmenter considérablement votre retour sur investissement.

Certains des plus grands sites de gestion de contenu ont leurs propres tarifs publicitaires. Cela peut vous faciliter la vie, mais il existe des moyens d'offrir plus de valeur aux éditeurs.

Valeur ajoutée

Une façon d'ajouter de la valeur est de demander à l'éditeur s'il y a quelque chose que vous pouvez vendre pour lui. De nombreux éditeurs web peuvent facilement créer un livre. L'ajouter à leur "paquet" peut renforcer votre désir de les aider à vendre et leur donner plus de liens.

Succès

Le succès d'un programme de coentreprise est inscrit dans le contrat. Si l'entreprise n'a pas besoin d'un contrat légal, envisagez d'utiliser un service tel que www.adbrite.com où ils peuvent travailler ensemble, en utilisant la plateforme Adbrite pour suivre les données et aider à générer de la richesse.

Mythes communs sur la création de richesses

Certains mythes courants empêchent le travail des entreprises et des investisseurs locaux de réussir. Ces mythes peuvent avoir un impact psychologique puissant sur les propriétaires de petites entreprises, les empêchant de générer des richesses et de réaliser leur plein potentiel.

L'argent fait de l'argent

L'histoire selon laquelle il faut naître avec de l'argent, sinon on ne l'aura jamais, est complètement un mythe. Les millionnaires se font tous les jours. La plupart partent de rien et utilisent un programme qui a laissé tomber des milliers d'autres propriétaires d'entreprises. Bill Gates, Ophra et Martha

Stewart, entre autres, sont partis d'humbles débuts. L'un des moyens d'accroître votre richesse est de toucher des millions de personnes, car lorsque cela se produira, ces millions de personnes accepteront ce que vous avez à offrir.

L'argent est gagné au détriment des pauvres

Si vous avez peur de vous lancer dans l'aventure parce que vous avez peur de ruiner la vie de quelqu'un d'autre, alors détendez-vous. Votre livre de jeu peut être moral, éthique et basé sur des valeurs anciennes, et il vous mènera à des richesses indicibles. La façon la plus simple de devenir riche est, comme indiqué ci-dessus, de créer de la valeur dans la vie des autres. Il y a assez d'argent pour tout le monde. De nombreux programmes de "travail à domicile" en sont la preuve. L'entreprise peut vendre 10 000 programmes. Ce n'est pas parce que seulement 100 personnes ont réussi que le programme était une arnaque. Ceux qui ne réussissent pas ne pensent pas qu'ils peuvent.

N'oubliez pas que le succès commence dans l'esprit. Vous devez croire que vous pouvez réussir avant de réussir. Visualiser ce que vous voulez, avant même de l'avoir, sera le moteur qui vous poussera à rester dans le jeu.

Il faut sacrifier sa famille pour s'enrichir, c'est FAUX

Les riches ne travaillent pas aussi dur que les ouvriers d'usine qui dirigent les entreprises qui ont construit leur richesse.

Cette génération a inventé une nouvelle expression, "travailler dur ou travailler intelligemment".

Il y a une différence entre travailler dur et travailler intelligemment. Les personnes qui réussissent apprennent à travailler intelligemment. Ils apprennent à imiter les personnes qui ont réussi et à les utiliser comme modèles pour éviter les erreurs que d'autres personnes commettent.

Vous pouvez économiser beaucoup de temps, d'argent, d'efforts et quelques maux de tête importants en trouvant un mentor ou en engageant un coach de vie/réussite.

Il faut du travail pour lancer une entreprise, mais vous pouvez choisir d'avoir une entreprise florissante et une famille.

Les riches ne peuvent pas vivre une vie normale

La plupart des millionnaires d'aujourd'hui vivent dans des villes de banlieue et mènent une vie normale. Le rêve de vivre la vie riche et célèbre a perdu de son éclat. De plus en plus de gens apprennent que le fantasme de la richesse était plus attrayant que la réalité.

Cependant, vous pouvez vivre la belle vie sans renoncer à une vie normale. Il n'y a aucune raison de ne pas prendre des vacances en famille dans un camping le week-end, puis d'assister à une conférence en semaine dans un costume et des chaussures coûteux et de qualité.

Ne laissez pas la peur d'être riche vous empêcher de réaliser vos rêves.

La vie est douce. Ce sera ce que vous déciderez de faire tant que vous vous souviendrez que personne ne peut définir qui vous êtes, à moins que vous ne lui en donniez le pouvoir.

CRÉATION DE RICHESSE

Avez-vous un objectif de création de richesse?

L'argent est là. Peu importe combien de personnes vous disent que nous sommes en pleine crise économique, que le marché fait ceci ou cela, et qu'il est trop risqué de "jouer le jeu", pour ainsi dire, les gens s'enrichissent tous les jours. C'est la réalité.

L'astuce, bien sûr, est de devenir l'une de ces personnes.

"Oui", pourriez-vous dire. "Ce type a eu de la chance. Quelles sont les chances que cela m'arrive ? "Eh bien, absolument zéro si vous ne faites rien pour aider vos rêves à créer de la richesse. Tomber dans le cliché de la chance, c'est sous-estimer la personne qui a réussi. Arrêtez de regarder les résultats des autres et commencez à vous demander quelles mesures cette personne a prises pour s'enrichir. Cessez d'être le spectateur critique et devenez l'acteur qui agit.

Devenir riche n'est pas une question de hasard. La fortune favorise l'esprit préparé ; vous devez préparer le terrain pour saisir l'occasion lorsqu'elle se présente. Vous devez non seulement être capable de reconnaître ces opportunités, mais aussi avoir les ressources nécessaires pour en tirer parti.

Pour jeter les bases, il faut avoir un plan pour votre avenir financier. Quel est donc votre plan pour vous constituer un patrimoine ?

Si, comme la plupart des gens, vous n'en avez pas, alors vous ne serez jamais digne de l'abondance de l'argent. Mais si vous reconnaissez que vous êtes le seul responsable de votre vie, ce sera une toute autre affaire.

CRÉATION DE RICHESSE

Selon Robert Kiyosaki, auteur de la série de livres "Rich Dad, Poor Dad", il dit que vous devez contrôler votre philosophie financière. Dans son livre, "The Money Flow Quadrant", l'auteur décrit les quatre philosophies telles qu'elles ont été décrites pour lui par celui qu'il appelle son "riche père". Sur le côté gauche du quadrant, il y a les E et les S : les salariés et les indépendants. La philosophie du E est basée sur la sécurité, tandis que la philosophie du S est basée sur le fait de faire ses propres choses. Bien qu'il n'y ait rien de mal à ces deux philosophies, aucune d'entre elles n'est susceptible de vous aider à vous constituer une grande richesse.

Sur le côté droit du quadrant de Kiyosaki, il y a les B et les I : propriétaires d'entreprises et investisseurs. La différence entre un B et un S, dit M. Kiyosaki, est que le B a construit un système qu'il peut manipuler pour l'exécuter, le libérant pour d'autres activités financières ou personnelles. Un S "possède simplement un emploi", comme le dit Kiyosaki, et fait tellement partie intégrante de l'opération qu'il est essentiellement un prisonnier. La société qu'il a créée est son "bébé". Mais nous savons tous à quel point les bébés sont exigeants, et si une entreprise ne devient jamais un adulte capable de survivre sans sa maternité, elle vous consumera la plupart de votre temps.

L'astuce, donc, n'est pas de construire un meilleur produit. Il s'agit de créer un meilleur produit, plus efficace par rapport à vos propres ressources. Construire un système, pas un emploi. Vous aurez alors l'argent nécessaire pour répondre à vos besoins personnels et vous permettre d'investir.

Si vous avez déjà beaucoup d'argent pour travailler, vous pouvez aller de l'avant et sauter directement dans le quadrant I, après avoir investi dans votre propre éducation et appris comment elle fonctionne. Investir est risqué si vous sautez à l'aveuglette, mais si vous savez ce que vous faites, c'est une toute autre affaire.

Construisez donc les fondations avec l'éducation, puis construisez votre richesse comme si vous étiez en train de construire une structure. Ne lésinez pas sur les matériaux, mais faites-le méthodiquement. Vous finirez par vous retrouver devant un bâtiment impressionnant qui vous aidera à surmonter n'importe quelle tempête.

Supprimer les obstacles personnels à la richesse

La richesse est la condition de l'abondance et de la profusion des richesses, qui disposent d'une offre abondante de biens matériels, de ressources et d'argent. Elle pourrait également être définie comme une propriété ayant une valeur économique monétaire.

En économie, la richesse est définie comme le stock de capital physique, de ressources humaines et d'actifs financiers nets qu'un pays possède à l'étranger. Le capital physique comprend la propriété de structures de bâtiments, de machines, de chemins de fer et d'autres actifs fixes corporels. Le capital humain, d'autre part, est la main-d'œuvre de qualité, l'accent étant mis sur la réussite scolaire, qui contribue à la productivité du pays. Alors que le capital financier net est liquidé à partir de la valeur monétaire des actifs acquis par les étrangers dans l'économie locale jusqu'à l'acquisition du pays par l'étranger.

La richesse est souvent associée à l'argent, comme l'épargne, les investissements et d'autres formes de capital financier.

Mais le mot "richesse" est tiré des anciens mots anglais "weal" et "th" qui, lorsqu'ils sont combinés, signifient "condition de bien-être". Le mot "économique", en revanche, provient du mot grec "oikonomia" qui signifie "gestion du ménage".

Dans une perspective différente, certaines personnes voient la richesse comme une véritable révélation des vraies valeurs et expliquent ce qui est considéré comme important pour la vie comme un reflet de l'image et du moi réels.

Aujourd'hui, la société est mise au défi de maintenir une vie de qualité, qui contribue à l'équilibre entre économie et qualité. Une telle perspective permet à un individu d'évaluer ses atouts réels : ses forces et ses possibilités de renforcer son potentiel réel.

Une personne qui tente d'aligner ses valeurs et ses principes sur la condition de bien-être pense qu'elle recherche une véritable richesse, tout ce qui fait que la vie vaut la peine d'être vécue (bien-être personnel, professionnel, spirituel, environnemental et financier).

Les gens définissent principalement la véritable richesse en termes de relations harmonieuses avec les membres de leur famille, leurs supérieurs, leurs collègues, leurs voisins et leurs connaissances. Certains le voient dans la simplicité et la complexité des créations naturelles. Ou bien elle pourrait être mesurée en termes de joie, de cohésion sociale et de pensées et d'idées abstraites non quantifiables.

Un autre mot pertinent qui peut être lié à la richesse est celui de valeur, qui est dérivé du mot latin "volorum", qui signifie "être digne". Le terme "valeur" désigne souvent des expressions monétaires telles que coûts, prix et rendement des investissements. Mais la vraie valeur (valorum) se trouve dans les choses simples qui font que la vie vaut la peine d'être vécue. C'est la valeur des relations, la valeur de ce que l'on possède et n'aspire pas à des choses qui ne sont pas en sa possession.

CRÉATION DE RICHESSE

Comment un millionnaire gère un dollar

Si vous ne savez pas comment gérer un million de dollars, je vous garantis que l'argent disparaîtra rapidement. Tout comme les 90 % de gagnants à la loterie qui échouent en cinq ans, ils n'avaient pas la discipline de base ou la formule de gestion de l'argent qui aurait permis de créer une base financière qui durerait pendant des générations. Apprenez à gérer un seul dollar afin de pouvoir vous hisser seul dans les grandes ligues financières.

Donnez un dollar à un millionnaire et il fera quelque chose de prévisible : il fera preuve de discipline pour ne pas le dépenser. Ce dollar sera déposé sur un compte d'épargne où il produira des intérêts. Un millionnaire ne dépense pas ses revenus gagnés ! Ils ne dépensent que les revenus de leurs investissements. Un millionnaire change l'argent de son emploi, de la rémunération des heures supplémentaires, des obligations, etc. Lorsque vous commencerez, vous n'aurez probablement pas d'investissements, alors comment allez-vous payer vos factures ? Rejetez le dicton : "Essayez d'économiser un peu d'argent après avoir payé vos factures chaque mois". Cela se produit rarement et peut être trop peu pour s'additionner. Ce dicton est psychologiquement rétrograde. Le nouveau dicton que je veux que vous commenciez à changer vos perspectives est le suivant : "Payez-vous d'abord et mettez ces économies en œuvre de sorte qu'avec les intérêts composés vous puissiez profiter des résultats", l'argent doit travailler pour vous et non l'inverse. Lorsque vous maîtriserez cela, vous constaterez une énorme différence.

Parlons des composantes financières. Donnez un dollar à un millionnaire et il le répartira entre les différents éléments constitutifs d'une base financière solide. Dix cents de ce dollar seront affectés à un compte d'investissement permanent qui n'est jamais dépensé. Ce compte vous permet de constituer votre patrimoine. Comme je l'ai déjà dit : "La richesse ne peut être créée et maintenue que par la quantité d'argent que vous recevez et ne dépensez pas". Il s'agit de ce compte, et vous devez l'augmenter d'une partie de chaque dollar que vous recevez. Un autre centime sera affecté à un compte d'épargne. Il s'agit d'un compte de dépenses différées pour les achats coûteux comme les vacances, les réparations de la maison ou les voitures.

Les millionnaires économisent de l'argent pour acheter quelque chose avant de l'acheter, pas plus tard à crédit où il faut payer des intérêts. Les dix cents suivants sont alloués à l'éducation à la richesse. L'économie est en constante évolution et c'est vous qui devez, en fin de compte, diriger tout votre argent au début. La seule façon de le faire judicieusement est d'accroître vos connaissances en matière d'investissement.

CRÉATION DE RICHESSE

Obtenez des idées d'investissement en payant des conseillers, des livres, des cours, des bulletins d'information, des magazines et des journaux. Les trois monnaies qui ont été attribuées à des fins différentes constituent la formule de la richesse pour les millionnaires ; c'est ainsi que la richesse peut être construite pour durer pendant des générations. Ce n'est qu'une fois que ces trois seaux ont reçu leur part du dollar qu'une partie de celui-ci est affectée aux taxes sur ce dollar. N'oubliez pas qu'un millionnaire paie le collecteur d'impôts après que les principaux éléments de construction ont reçu leur part.

Il n'existe pas de "revenu avant impôt". Tous les revenus, quelle que soit leur source, sont imposables. Ainsi, un millionnaire aura une stratégie fiscale pour recevoir ce dollar avant qu'il ne soit déposé à la banque. Les millionnaires ne paient pas trop d'impôts, ils gèrent les obligations fiscales parce qu'elles constituent leur plus grosse dépense (additionnez le montant que vous avez payé pour l'impôt sur le revenu à l'IRS, à l'État, à la ville et aux impôts fonciers ; c'est probablement un chiffre beaucoup plus élevé que ce à quoi vous vous attendiez). Parmi les moyens de réduire vos impôts, citons la création d'une entreprise à temps partiel pour créer des déductions légitimes, l'achat d'investissements offrant une dépréciation, tels que l'immobilier et le pétrole, et la recherche du meilleur expert-comptable pour vous conseiller.

La formule de gestion d'un dollar que suivent les millionnaires est la suivante : minimiser vos obligations fiscales, en affecter une partie à la constitution de votre base financière, diminuer le pourcentage de vos revenus gagnés que vous dépensez jusqu'à ce qu'il soit nul, et instaurer la discipline nécessaire pour suivre constamment cette routine. Maintenant, à quel âge souhaitez-vous avoir appris ce matériel ? À quel âge pensez-vous que vous devriez commencer à exposer vos enfants à ces idées ? La bonne réponse est : le plus tôt possible.

CRÉATION DE RICHESSE

La surveillance de vos finances révèle des leçons inestimables

L'élément le plus important pour construire la richesse est de la mesurer. Les personnes qui ont continuellement augmenté leur valeur nette la suivent pour la gérer et rester motivées pour atteindre des objectifs financiers toujours plus élevés. Voir les résultats mesurables de vos décisions de dépenses et d'investissement est la première étape pour en prendre le contrôle. En revanche, les personnes qui se trouvent dans la pire situation financière n'ont aucune idée de l'endroit où leur argent est dépensé et ont trop peur de savoir ce que pourrait être leur valeur nette. "Vous ne pouvez pas gérer ce que vous ne mesurez pas. Pensez-y : si vous étiez très riche, vous passeriez un certain temps chaque semaine à gérer un aspect de l'argent. Si vous voulez améliorer votre situation financière, il vous faut une version débutante d'une méthode de gestion et de suivi de l'argent. En outre, plus vous accumulez d'argent, plus vous devez contrôler les actifs et passifs financiers. Si vous n'avez pas établi votre suivi financier avant de les acheter, vous ne les aurez probablement pas pour longtemps.

Si vous ne voyez pas ou ne ressentez pas les gains et les pertes de vos décisions financières, vous jouez le jeu compliqué de la vie sans carte de pointage. C'est le nombre de personnes ayant un emploi décent et une assurance décente qui se trouvent encore en difficulté financière. Vous devez disposer de repères de navigation pour savoir si vous vous dirigez vers la création ou la destruction de richesses. C'est en surveillant votre valeur nette que vous commencerez à découvrir l'impact et les conséquences financières de vos décisions.

Le point de départ de la mesure financière est un simple état de la valeur nette (ou bilan). Si vous n'avez jamais entendu ce terme, c'est une liste du prix actuel du marché de tout ce que vous possédez et de ce que vous devez aux autres. La différence entre ces deux chiffres s'appelle votre valeur nette, et c'est le chiffre que vous voulez mesurer et augmenter chaque mois.

Tout comme pour une entreprise, une fois que vous avez commencé à mesurer les conséquences financières de votre comportement, vous pouvez commencer à établir vos propres règles de dépenses personnelles. Par exemple, si la majeure partie de votre revenu mensuel est dépensée dans des restaurants, essayez d'établir une règle selon laquelle vous ne sortez que deux fois par semaine. Si vous dépensez trop d'argent pour l'essence, vous devez trouver plusieurs moyens de la réduire. Des idées simples et des règles ultérieures comme celles-ci vous aideront à augmenter votre valeur nette, ce qui vous permettra d'avoir des idées plus importantes et de réaliser plus de profits.

Si vous découvrez que vous avez une dette importante qui diminue votre valeur nette, ou éventuellement votre valeur nette négative, quelles règles concernant l'endettement allez-vous vous créer ? Après avoir économisé de l'argent, où allez-vous le mettre ? Combien de temps êtes-vous prêt à passer à le surveiller ? Combien d'efforts êtes-vous prêt à faire pour vous informer sur les investissements? Ces questions vous aideront à élaborer vos règles d'investissement. À terme, vous disposerez de règles en matière de dépenses, d'épargne, d'endettement et d'investissement qui façonneront votre plan personnel de manière à ce que vous commenciez à faire évoluer votre valeur nette dans une direction très positive. Pensez à ajouter une règle qui pourrait être : lire un nouveau livre financier chaque mois pour vous instruire. Les premières fois, il peut être très utile de faire un tableau Excel avec vos dettes et vos actifs afin de voir vos dépenses et vos revenus de manière plus concrète. Quoi qu'il en soit, aujourd'hui, la technologie vous montre de manière plus directe, de sorte que vous pouvez le sentir, grâce à la banque à domicile. Gardez à l'esprit que ces premières mesures que vous allez prendre sont fondamentales car elles forgeront votre discipline monétaire. Les dépenses que vous aurez désormais à faire, vous devrez les répartir dans les dépenses qu'il est impossible de ne pas faire et dans lesquelles vous trouverez de la nourriture, certains impôts, entre autres. D'autre part, vous avez les dépenses dites "fourmies", qui sont les achats que vous avez et dont vous ne pensez pas qu'ils affecteront votre poche, mais dans leur ensemble, si vous vous rendez compte qu'ils peuvent être nocifs, et ceux-ci peuvent être : un mois entier à vous acheter un petit déjeuner dans un endroit de votre choix, chaque jour à vous acheter un bonbon qui vous plaît. Enfin, il y a les dépenses dites inutiles, et voici les articles que vous achetez simplement parce que vous avez une impulsion à aimer cet article particulier, sans réfléchir correctement à la question de savoir si vous en avez vraiment besoin et dans quelle mesure cela pourrait affecter votre accumulation de richesse. Avec tout cela, je ne veux pas que vous pensiez que vous n'avez pas à vous donner de plaisir, mais seulement que vous devez être méticuleux, et surtout au début, avec votre richesse. Vous devez renforcer votre mentalité. Qui n'aime pas acheter un nouvel objet ? Alors chaque mois, vous pouvez mettre de côté 10 % de vos revenus pour vous acheter une nouvelle chemise, un nouveau jean, 10 % supplémentaires pour vous donner le goût d'un bon restaurant, ou même si vous aimez prendre votre petit déjeuner dehors tous les jours, faites un système pour envisager cette dépense et ne pas la laisser au hasard.

Ce qu'il faut reconnaître, c'est que vous devez être conscient de tout ce qui entre et sort de votre poche et que vous devez vous décider à établir un système pour que l'argent qui entre se développe TOUJOURS de lui-même et que ce soit plus ce qui entre que ce qui sort, alors seulement vous pourrez créer votre richesse. Vos états financiers et vos règles financières peuvent être aussi simples ou complexes que vous le souhaitez.

Lorsque vous aurez calculé votre premier relevé de valeur nette, vous commencerez à avoir la possibilité de planifier vos achats et vos paiements comme indiqué ci-dessus. Pour prendre un exemple simple, si votre facture d'assurance automobile arrive une fois par an, vous pouvez calculer combien d'argent vous devez mettre de côté chaque mois pour la payer facilement lorsqu'elle arrive. Ou si vous achetez une nouvelle voiture, vous serez beaucoup plus heureux de planifier les coûts initiaux avant d'être pressé à la fin du mois et de finir par payer certaines factures en retard.

Une fois que vous êtes à l'aise avec un état de la valeur nette, vous pouvez passer à un état des recettes et des dépenses. Ensuite, faites des projections pour toutes vos déclarations. Et créez des scénarios tels que : Quel est votre objectif de revenu de retraite raisonnable ? De combien d'avoirs nets aurez-vous besoin d'ici là ? Comment augmenterez-vous vos revenus, vos économies, le rendement de vos investissements ? Les réponses seront basées sur les habitudes financières, les outils et l'éducation que vous aurez développés, mais tout peut commencer avec votre premier relevé de la valeur nette.

Calcul du ROI avec précision

L'expression "retour sur investissement" (ROI) est souvent utilisée, mais savez-vous ce qu'elle signifie réellement et comment la calculer ?

Trois façons de calculer le retour sur investissement :

Cash on Cash: si vous investissez 20 000 $ et que vous augmentez de 10 000 $, le taux de rendement du cash on cash est de 50 %, ce qui est excellent pour la création de richesses.

Montant total de l'investissement: si vous déposez 20 000 $ pour un prêt hypothécaire de 200 000 $, la croissance se produit dans les 200 000 $ et non dans ce que vous avez gagné au départ. Cela est sans doute moins pertinent car le montant réalisé sur ce qui a été placé à l'origine est plus important et plus utile.

Coût d'opportunité perdu: lorsque vous cherchez à collecter des fonds avec l'argent de quelqu'un d'autre, vous devez démontrer la perte que vous pourriez subir si vous n'investissez pas. Si vous avez un investissement qui rapporte 20 % d'intérêts et que le prêteur a de l'argent dans quelque chose qui ne rapporte que 5 %, vous devez lui montrer combien il perd s'il manque sa chance.

Ce que font les riches que nous ne faisons pas

Les riches développent un créneau de création de richesse qui leur permet d'obtenir des taux de rendement énormes sur ce qu'ils font : l'immobilier, les investissements sur le marché, leurs affaires quotidiennes. Une fois qu'ils ont obtenu l'argent, les plus riches achètent sans aucun doute des obligations, des bons du Trésor ou un autre type de fonds qui rapporte entre trois et cinq pour cent. Ils veulent protéger leur principe. Ils ne lancent les dés que dans un domaine de compétence où ils peuvent espérer un retour en toute sécurité.

Secrets de la création de richesses scientifiques - Diversification

Il s'agit d'une série d'articles sur l'étude des idées scientifiques générales pour créer un système de création de richesse qui fonctionne selon les lois de l'Univers. Ces concepts proviennent de l'observation de notre environnement. Les scientifiques ont découvert que les lois de la nature suivent certains modèles. Certaines lois physiques semblent être présentes partout, des minuscules atomes aux énormes étoiles.

Tout dans la sphère physique a tendance à être influencé par ces lois, par conséquent, elles peuvent également être appliquées à votre entreprise, comme vous le verrez en quelques minutes. La série complète contient les articles suivants...

1. Entropie

2. La vie

3. Multiplication

4. Synergie

5. Inertie

6. Gravité

7. Diversification

La diversification est partout dans la nature. La vie n'est pas une chose. Cela implique beaucoup de choses. C'est comme le dit le dicton «la variété est le piment de la vie». Dans cet article, vous trouverez des informations sur la diversification et comment appliquer ce concept à votre entreprise.

Il y a beaucoup de diversification dans l'Univers. Les planètes sont différentes les unes des autres. La même chose avec les étoiles et les galaxies. Ils diffèrent par leur forme, leur taille, leur couleur, leur structure interne, etc.

Il y a une uniformité diversifiée dans l'Univers. Par exemple, les êtres vivants contiennent du carbone comme l'un de ses composants. Une cellule est la plus petite unité structurelle de base de la vie. Il existe de nombreuses similitudes communes comme celles-ci parmi les organismes vivants, mais elles diffèrent toutes par leur taille, leur couleur, leur espèce, leur habitat, leur durée de vie, leur force physique et de nombreux autres aspects.

Il en va de même pour les entreprises. Si vous vous concentrez sur le développement d'un seul produit, vous pouvez réussir, mais la plupart des entreprises essaient de commercialiser au moins certains produits. Les gens aiment avoir des options. Par exemple, toutes les voitures ont une structure de base similaire: un véhicule utile pour le transport à quatre roues, un moteur, un pare-brise, etc.

Ce qui fait qu'un individu choisit une voiture plutôt qu'une autre, ce sont les détails. Souvent, les petits détails font une grande différence. La même chose se produit avec les produits ou services qu'une entreprise peut offrir à ses clients. Lorsque vos clients viennent à vous, ils peuvent ne pas aimer un produit simplement en raison de sa couleur. En faisant de petits changements et en offrant plus d'options aux gens, vous pouvez augmenter vos ventes.

Une autre façon d'appliquer la diversification aux entreprises consiste à établir plusieurs flux de revenus. Vous pouvez le faire en augmentant les sources de revenus au sein de votre entreprise. Vous pouvez également démarrer de nouvelles entreprises et effectuer différents investissements. Comme dit le proverbe: "Ne mettez pas tous vos œufs dans le même panier." "La diversification est également le seul déjeuner gratuit".

L'idée n'est pas de se diversifier à la fois, mais une étape à la fois. Si vous essayez de tout faire en même temps, vous risquez de vous retrouver coincé. Une bonne idée serait de démarrer une entreprise et de diversifier vos sources de revenus au sein de cette entreprise. Il peut s'agir, par exemple, d'offrir différents produits et services à vos clients, afin qu'ils aient le choix.

Ensuite, une fois que l'entreprise devient rentable, vous pouvez vous diversifier et établir une autre source de revenus et une autre et une autre, etc. Les investissements sont également une bonne option. De nombreux investissements vous permettent de recevoir un revenu passif, vous n'avez donc pas à travailler constamment pour gagner de l'argent.

L'idée de diversification est très importante. Si vous mettez tous vos efforts dans un seul projet, vous prenez un risque. Les multiples sources de revenus sont particulièrement efficaces pour faire face à des problèmes d'argent inattendus lorsqu'ils apparaissent à l'improviste. C'est pourquoi de nombreuses personnes riches ont des entreprises différentes au lieu d'une seule.

CRÉATION DE RICHESSE

Secret de liberté financière

Liberté financière, secret de la réussite des investissements, immobilier, richesse boursière, profits, investissement, marketing internet, millionnaire, revenu, sécurité, opportunités, entreprise à domicile, argent, liquidités, fortune.

Le rêve et le désir de l'humanité ont toujours été de rechercher la liberté : liberté de pensée, liberté d'expression, liberté de croyance. Pourquoi pas la liberté financière!

Définition de Wikipédia: "La liberté financière décrit un mode de vie bien planifié dans lequel vous n'êtes plus obligé de travailler pour gagner un revenu qui couvre vos dépenses.

CRÉATION DE RICHESSE

Le papa riche, le papa pauvre et d'autres livres sur les finances personnelles se sont vraiment intéressés et ont demandé pourquoi l'école et l'université ne nous ont pas appris comment obtenir des renseignements financiers. Ce livre, parmi d'autres, soutient l'indépendance financière par le biais d'investissements, de biens immobiliers, de la propriété d'entreprises et d'autres moyens de générer de l'argent et de tactiques de protection.

La plupart d'entre nous ont faim et aspirent à la liberté financière. Lorsque vous travaillez dans une organisation sans capacité de décision, c'est la direction qui dicte votre bien-être financier. Elle assumera les conséquences de la défaillance administrative, qu'elle soit ou non de son ressort. Il pourrait s'agir de macro-facteurs externes tels que : l'environnement du marché, la concurrence, les politiques gouvernementales, la catastrophe naturelle.... intentionnel ou non. Elle portera les fruits d'une erreur de gestion : réduction du personnel, réduction de la taille, réduction des salaires et stagnation des paiements.

Que se passera-t-il ensuite? Vous commencez à chercher un autre emploi. Peut-être que cette fois, votre chance est de votre côté, vous avez réussi à vous assurer ... mauvais mots à utiliser, trouver un emploi dans une grande entreprise, peut-être mieux, travailler comme fonctionnaire avec un bol de riz en fer. Dans votre esprit, vous devez dire : j'ai enfin réussi dans la vie... Vous cherchez des âmes ? Vous y arrivez vraiment? Vos revenus salariaux peuvent ou non couvrir vos dépenses quotidiennes. Ou vous faites peut-être partie des millions de personnes qui ont encore du mal à payer leurs prêts hypothécaires, leurs prêts automobiles, leurs cartes de crédit, leurs factures de services publics et de téléphone... des factures qui ne disparaissent pas...

Vous aurez peut-être beaucoup de chance, si vous parvenez à trouver un emploi dont le salaire dépasse vos frais de subsistance actuels. Peut-être faites-vous partie des rares chanceux qui gagnent bien leur vie en travaillant au plus haut niveau d'une organisation. Mais posez-vous cette question : êtes-vous heureux ? Êtes-vous sorti de la course aux rats quotidienne ? Êtes-vous sorti de la politique de bureau impitoyable ? Êtes-vous coincé dans les embouteillages matinaux quotidiens qui ne semblent jamais se calmer ?

Il est peut-être vrai que vous aimez votre travail. Excellent... ! Mais faites-vous fructifier votre argent ? Utilisez-vous le pouvoir de la capitalisation pour accumuler des richesses de sorte que, lorsque le jour viendra où vous déciderez enfin de quitter votre emploi, vous aurez une montagne de richesses derrière vous ? Ce n'est que lorsque vous aurez atteint ce stade financier que vous pourrez dire fièrement : "Je fais ce que j'aime parce que je le veux !

La liberté financière ne signifie pas simplement l'absence de dette, la dette est une autre dépense. Tant qu'un revenu d'investissement passif peut couvrir toutes les dépenses, on est considéré comme financièrement libre. Cet investissement d'"épargne" passive suffisamment important devrait également être facilement remboursé si nécessaire. En termes simplifiés, la liberté financière consiste à ne pas avoir besoin de travailler pour de l'argent, mais à ce que l'argent travaille pour vous.

"On peut y parvenir en trouvant, en apprenant et en consacrant du temps, des efforts et de l'argent à la construction de quelque chose (investissement passif) qui générera des revenus de manière rentable et constante, longtemps après que vous aurez "terminé la construction". Il existe de nombreuses façons de construire une machine à gagner de l'argent. Il peut s'agir d'investir ou de négocier des actions, des devises, des contrats à terme, des matières premières ou tout autre instrument financier susceptible de générer de l'argent. Le marketing sur Internet, le MLM, les entreprises commerciales et la propriété immobilière à louer sont d'autres formes de véhicules qui permettent de gagner de l'argent.

Le plus grand obstacle à la liberté financière est que tout le monde n'a pas les compétences, l'expérience, les connaissances et l'argent nécessaires pour la construire. La clé de la richesse est de trouver quelque chose qui correspond à ses capacités et de le construire. La "machine à gagner de l'argent" peut être plusieurs, voire plusieurs machines. La taille ou le nombre de machines que vous essayez de construire dépendra en grande partie du désir, du capital et du niveau de tolérance au risque. Ils sont tous différents. L'important est que vous soyez celui qui contrôle les décisions qui affectent votre vie.

La voie que vous choisirez pour atteindre la liberté financière dépendra aussi en grande partie de vos intérêts et de la somme d'argent dont vous disposez. Il est vrai que vous avez besoin d'argent pour gagner de l'argent, mais il est également vrai que vous pouvez créer de la richesse avec peu d'argent. De nombreux hommes et femmes riches ont montré que s'il y a une volonté, il y a toujours un moyen. Alors, une fois que vous aurez fini de lire ce livre électronique, commencez à construire votre empire de l'abondance.

Si vous voulez vraiment atteindre la grandeur financière, vous devez d'abord éliminer tous les blocages subconscients qui vous empêchent de gagner de l'argent. Enfin, vous devez libérer votre esprit pour créer la richesse que vous méritez.

CRÉATION DE RICHESSE

Devriez-vous utiliser un courtier en gestion de patrimoine privé?

Si vous avez une entreprise et tout le travail dur et difficile que vous avez fait pour la faire prospérer, il est probablement bon de chercher un courtier en gestion de patrimoine privé. Ce n'est pas forcément une entreprise riche en ce moment, mais un service financier peut vous aider à développer votre potentiel, peut-être même mieux que vous ne l'aviez imaginé. Lorsque vous recherchez un courtier en investissement, assurez-vous qu'il s'intéresse à vos objectifs à long terme et à votre tolérance au risque, et qu'il comprend la nature de vos actifs. Vous recherchez un courtier en gestion de patrimoine privé qui a intérêt à développer une allocation d'actifs à long terme et qui travaillera avec vous pour mettre en œuvre une stratégie appropriée pour vous aider à atteindre vos objectifs. Le courtier doit assurer un service continu pour le portefeuille de chaque client individuel et évaluer régulièrement les ajustements potentiels en réponse aux changements économiques, aux tendances du marché ou aux besoins des clients. La gestion de l'argent et des économies d'une vie offre d'énormes possibilités et responsabilités aux individus, aux familles et aux cadres des family offices. Pour aborder les questions de richesse générationnelle, il faut les bons partenaires. Lorsque l'on choisit un courtier en gestion de patrimoine privé, il faut exiger un partenaire proactif doté de capacités de classe mondiale. Choisissez le service financier qui vous proposera des solutions financières complètes conçues pour vous aider à accroître, préserver et gérer votre patrimoine.

De nombreux services financiers disposent d'une division spécialisée composée d'experts dans chacun de leurs domaines de service, et se consacrent à fournir des solutions financières complètes et flexibles pour répondre à vos besoins uniques. De nombreux services estiment, bien sûr, qu'ils sont des leaders dans ces domaines. Assurez-vous simplement qu'ils s'engagent à identifier et à analyser rigoureusement les informations financières, les questions et tendances stratégiques, tant régionales que mondiales, qui affectent les entreprises, l'industrie, les marchés et les changements fondamentaux qui peuvent avoir un impact significatif sur la valeur future des investissements pour vous et votre famille. Une recherche distinguée et objective est essentielle pour servir les clients qui investissent sur les marchés des actions, des titres à revenu fixe, des devises et des matières premières dans le monde entier. Lorsque vous recherchez un courtier en gestion de patrimoine privé, vous devez vous assurer que vous êtes à l'aise avec votre courtier, suffisamment pour établir une sorte de rapport avec cette personne. Après tout, il sera votre conseiller de confiance, et son objectif devrait être de constituer et de gérer votre patrimoine.

Le service de gestion de patrimoine privé que vous choisissez devrait vous fournir les outils et les services nécessaires pour réduire les charges administratives liées à la gestion de l'argent, ce qui vous permettra de vous concentrer sur ce que vous faites le mieux : maximiser les performances de l'entreprise, développer votre activité et attirer de nouvelles sources de capitaux. Avez-vous des programmes qui peuvent vous donner la possibilité de générer et d'augmenter vos revenus grâce à des transactions bien comprises et relativement peu risquées ? Vous recherchez des conseils d'investissement judicieux de la part de conseillers en qui vous avez confiance. Plutôt que de produits préemballés, vous devez avoir accès à des solutions d'investissement de qualité basées sur votre situation unique, et vous avez besoin d'aide pour développer un plan financier coordonné qui cherche à répondre à votre situation patrimoniale globale et à l'évolution de vos besoins au fil du temps.

CRÉATION DE RICHESSE

Les 5 lois inébranlables de la création de richesse en ligne

Lorsque l'Internet a vu le jour, peu de gens pouvaient imaginer jusqu'où ses effets iraient en plus de dix ans. C'est une réalité maintenant que l'internet va continuer à changer pratiquement tous les aspects de notre vie quotidienne. Alors que la population mondiale d'internautes continue de s'étendre, il en va de même des possibilités offertes aux entrepreneurs et aux gens ordinaires qui cherchent à échapper à l'esclavage d'un emploi de neuf à cinq.

La création de richesses en ligne est à la portée de tous. La richesse des possibilités offertes en ligne permet à chacun de commencer à construire sa richesse. Il y a tant de domaines à explorer et, quel que soit votre niveau de talent, de compétence ou d'intérêt, vous trouverez quelque chose qui vous conviendra. Quelqu'un a dit un jour que "vous pouvez transformer n'importe quelle passion en profit en ligne" et c'est plus vrai que jamais. Il semble que le plus grand problème n'est pas de trouver un programme adapté, mais de ne pas se laisser distraire par les différentes options dont nous sommes bombardés. Chaque jour, de nouvelles opportunités s'offrent à nous et notre tendance naturelle est d'agir. Cependant, la création de richesses en ligne dépend de la concentration et de la discipline à ne pas perdre de vue.

Si vous vous engagez à constituer votre patrimoine en ligne, cela présente de nombreux avantages évidents. La liberté de travailler sur sa propre horloge et de ne répondre qu'à soi-même sont les principales raisons pour lesquelles tant de personnes passent du bureau à la chambre libre à la maison. De nombreux programmes de création de richesses en ligne créent de fausses illusions qui laissent de nombreux espoirs inexpérimentés dans le froid après avoir investi leur temps et leur argent précieux. L'internet est un monde difficile lorsqu'il s'agit de gagner sa vie, mais là encore, le monde "réel" l'est aussi. Ne vous attendez pas à un voyage facile, mais ne vous découragez pas non plus. Il y a tellement de possibilités en ligne que vous êtes sûr de trouver votre place dès que possible.

Il existe cinq lois de création de richesse en ligne, qui peuvent vous aider énormément à créer votre succès à long terme. Je vous recommande d'utiliser ces lois pour évaluer les opportunités potentielles ou simplement pour évaluer votre position actuelle.

La loi de l'excellence:

Les choses ont tendance à se dérouler très rapidement en ligne. Il est essentiel que vous vous engagiez à atteindre l'excellence et que vous continuiez à apprendre et à vous améliorer. Si vous ne le faites pas, vous serez probablement laissé derrière. Rechercher l'excellence. Vous ne pouvez pas continuer à faire les mêmes choses et vous attendre à vous améliorer, ou faire davantage de ce qui ne fonctionne pas, cela ne fera pas mieux.

Le droit de la qualité:

Le terme "création de richesse" implique qu'elle n'est pas quelque chose d'instantané. La qualité est toujours récompensée sur le long terme, et si certains des programmes "Get Rich Quick" fonctionnent en ligne, ils fonctionnent rarement sur le long terme. Il y a une grande différence entre faire de l'argent rapidement et créer de la richesse. Quel que soit ce que vous créez en ligne, recherchez d'abord la qualité, car cela garantira la durabilité de vos activités.

La loi du choix:

La richesse est un choix. Vous avez probablement déjà entendu cela, mais vous ne l'avez jamais vraiment compris. Être riche commence par un choix et c'est un choix que vous devez faire tous les jours. L'Internet est responsable de la plus grande distribution de richesses de l'histoire. Le pouvoir passe des grandes entreprises au gars (ou à la fille) qui se trouve dans votre garage avec un seul ordinateur portable. Vous pouvez choisir de participer ou de continuer à faire ce que vous avez toujours fait.

La loi de la persistance:

Lorsqu'il s'agit de créer des richesses en ligne, la courbe d'apprentissage sera plus longue pour certains que pour d'autres. Quel que soit votre niveau de compétence, vous serez confronté à de nombreux défis. C'est là qu'entrent en jeu la persévérance et la confiance dans ce que vous faites. N'oubliez pas que vous rencontrerez toujours de nombreuses difficultés avant de réussir : c'est essentiel pour votre croissance personnelle et votre développement jusqu'à un certain niveau de réussite.

La loi du courage:

Quoi que vous fassiez en ligne, faites preuve d'esprit d'équipe ! Votre richesse et votre succès sont directement proportionnels à la valeur que vous apportez aux autres. Si vous voulez mieux réussir, pensez simplement à la façon dont vous pouvez apporter une plus grande valeur ajoutée à la vie des autres.

Le succès financier est certainement à la portée de presque tout le monde. Toutefois, il y a une grande différence entre le succès obtenu et le succès durable. Il suffit de penser à l'histoire des trois petits cochons : vous devez construire votre "maison" en briques et vous assurer que votre succès est durable à long terme. Après tout, qui voudrait quitter son emploi de jour pour revenir après six mois?

CRÉATION DE RICHESSE

L'habitude automatique de création de richesse

Peut-on vraiment se constituer une richesse automatiquement?

La réponse est oui... il faut juste prendre une nouvelle habitude de créer des richesses.

Vous aimerez cette habitude parce que vous n'avez même pas besoin de vous en souvenir. un ordinateur bancaire se souvient de l'habitude pour **VOUS**! Comment est-ce possible? Continuez à lire et vous verrez bientôt.

Voici comment fonctionne l'habitude de création automatique de richesse. Il est basé sur le miracle des intérêts composés et de la technologie bancaire étonnante qui est à la disposition de pratiquement tous les citoyens aujourd'hui.

Étape 1

Si vous n'avez pas de compte bancaire chez Bill Pay, rendez-vous dans une banque qui en a un et ouvrez un nouveau compte. Demandez-leur combien de chèques peuvent être envoyés par mois, s'ils peuvent les gérer par Internet, quels sont les coûts. De nombreuses banques proposent désormais ce service gratuitement à titre de promotion pour attirer davantage de clients.

Étape 2

Décidez qui vous voulez aider à créer de la richesse. Vous pouvez commencer dès vos premiers pas dans le monde de la finance, avec vous, votre enfant, un petit-enfant ou même un ami. Cette habitude permet également de construire une richesse spirituelle. Cette habitude contribue également à la construction d'une richesse spirituelle : toujours aider son voisin vous élève et vous relie à votre prochain.

Étape 3

Après l'ouverture du compte, vous pouvez maintenant sélectionner le montant que vous souhaitez envoyer à toute personne ou organisation et dans presque tous les intervalles de temps. Certaines banques proposent même un nombre illimité de factures qui peuvent être envoyées. Ensuite, les banques enverront des chèques à intervalles réguliers aux personnes ou organismes que vous aurez désignés.

Le véritable pouvoir de cette habitude est que, dans la plupart des cas, vous n'enverrez pas de factures, mais automatiquement des paiements pour vous enrichir.

Eh bien, avant d'en arriver à l'étape 4, examinons l'incroyable pouvoir de l'intérêt croissant pour voir combien de richesses vous pouvez accumuler au fil du temps avec cette habitude.

Voici un exemple du montant de la richesse que vous pourriez générer en faisant envoyer votre facture de seulement 50 $ par mois sur un compte (fonds commun de placement, IRA, etc.) qui a un rendement de 5 %.

1 an = $ 615
5 ans = $ 3 400
10 ans = $ 7 764
25 ans = $ 29 775

Vous pouvez en savoir plus sur les intérêts composés en effectuant une recherche sur Google sur Internet. Il est évident que le montant de la richesse que vous pouvez générer varie en fonction des montants et de la fréquence des paiements de factures envoyés sur vos comptes de constitution de patrimoine et de leur taux d'intérêt. C'est là que la recherche peut vous aider, c'est pourquoi il est essentiel que vous soyez éduqués et informés.

La beauté du système de paiement des factures est qu'il est très facile d'ajuster ses montants récurrents à la hausse ou à la baisse, en fonction de votre situation financière actuelle. Par exemple, vous pouvez configurer votre paiement de facture pour envoyer 12,50 $ par semaine sur un compte (soit 50 $ par mois) ou le faire passer à 15 $ par semaine pendant quelques semaines, puis le faire redescendre à 12,50 $ plus tard. Vous décidez exactement qui reçoit l'argent, combien et à quelle fréquence. Vous avez un contrôle total à tout moment.

Étape 4

Le moment est venu de prendre l'habitude de créer automatiquement des richesses en utilisant le système de paiement des factures de votre banque. Obtenez l'adresse de la personne ou de l'organisation à laquelle vous souhaitez envoyer l'argent, y compris le numéro de compte. Allez en ligne et créez un nouveau compte avec ces informations. Fixez la fréquence et les montants.

Vous pouvez être très créatif dans la manière dont vous créez des richesses et dans les personnes que vous aidez à les créer.

- Mettre en place un système de paiement automatique des factures pour financer les études universitaires d'un enfant. De nombreux États ont des plans qui commencent par des frais mensuels peu élevés à la naissance de l'enfant ou lorsque celui-ci est encore jeune.

- Établir un paiement automatique de factures pour alimenter le compte d'épargne d'un enfant, il suffit de faire envoyer l'argent à la banque de l'enfant en indiquant son numéro de compte sur la note de contrôle "Dépôt sur le compte.

- Mettre en place un système de paiement automatique des factures pour envoyer chaque semaine un paiement à une organisation caritative Si votre église reçoit chaque semaine un paiement automatique de charité, vous contribuez à soutenir votre église chaque semaine, même lorsque vous manquez un office dominical.

- Mettre en place un système de paiement automatique des factures pour envoyer de l'argent à quelqu'un qui en a besoin.

- Configurez votre paiement de factures de manière à payer réellement les factures que vous avez payées en retard dans le passé.

Les possibilités sont infinies... il vous suffit d'agir et de faire bouger les choses !

CRÉATION DE RICHESSE

Le chemin vers la vraie richesse

Beaucoup de gens croient que le chemin vers la vraie richesse commence par une grande opportunité de gagner de l'argent. Ce n'est que partiellement vrai. Si une bonne occasion de créer de la richesse se présente de temps en temps, elle est en fait rare. La plupart des personnes qui atteignent la vraie richesse sont celles qui établissent un budget judicieux, travaillent dur et ne vivent pas comme si elles étaient riches, et surtout, sont éduquées à ce sujet.

Le chemin qui mène à la vraie richesse commence par la détermination. Lorsque vous êtes déterminé à accumuler des richesses, vous réussirez, même si cela ne se fait pas tout de suite. Les stimuli de la détermination vous donneront de la force, du travail et des muscles. Cependant, la détermination ne suffit pas.

La prochaine étape sur le chemin de la vraie richesse est de faire un plan. Les chances de trouver ce stratagème rapide pour devenir riche dont tout le monde parle pour gagner des millions sont assez minces. Vous devez établir un plan pour une carrière, une entreprise ou une opportunité de gagner de l'argent. Vous devez également établir un plan d'investissement.

La vraie richesse consiste à établir un budget et à investir. Ne dépensez pas tout l'argent que vous gagnez. Épargnez jusqu'à ce que vous ayez assez pour investir. C'est en fait plus facile qu'il n'y paraît. Il est important que vous ayez atteint un style de vie confortable mais non excessif (au moins au début de votre voyage). N'oubliez pas que si vous augmentez votre style de vie, plus l'écart pour subvenir à vos besoins sera long, puisque vous aurez besoin de plus de revenus pour subvenir à vos besoins et à ceux de votre entreprise.

Vous pouvez investir dans des placements à faible risque et à rendement élevé, tels que des comptes de marché monétaire, ou vous pouvez investir dans des actions ou des matières premières. Investir dans de nouvelles et futures entreprises prometteuses, parfois appelées "penny stocks", est l'un des meilleurs moyens d'investir votre argent et d'accumuler rapidement une véritable richesse. Investir l'argent que vous ne dépensez pas est le meilleur moyen d'accumuler une véritable richesse.

C'est un exemple parfait de la manière d'accumuler de véritables richesses. Un homme a commencé à travailler dans une carrière. Il a été promu à la direction, puis à la direction générale. Au début des années 1980, l'homme a investi près de dix mille dollars en économies d'actions dans une entreprise que beaucoup pensaient ne jamais voir flotter. Plus tard, il était millionnaire quand Cellular One a décollé comme une fusée. Il a pris l'argent, l'a réinvesti et a gagné encore plus d'argent. Pourtant, l'homme ne vivait que dans une maison assez grande pour sa grande famille. Lorsqu'il est finalement décédé, il avait plus d'un million de dollars à partager entre les membres de sa famille, et il n'avait pas travaillé depuis vingt ans.

CRÉATION DE RICHESSE

Le seuil entre création et destruction de richesses

La richesse est simplement l'accumulation d'argent, et ne peut être créée que par la quantité d'argent reçue et jamais dépensée. Si vous voulez créer de la richesse, chaque fois que vous recevez de l'argent : ne le dépensez pas en totalité. Bien sûr, c'est un concept très simple, mais il est très difficile à réaliser en continu. Heureusement, il existe des alliés prêts à vous aider : trouvez des raisons convaincantes de commencer à épargner, prenez-en l'habitude, observez le développement de vos efforts et fixez-vous des objectifs financiers pour vous récompenser.

Mettre de côté un pourcentage de l'argent que vous recevez est la meilleure façon de suivre et de prendre l'habitude d'économiser de l'argent. Certains d'entre nous trouvent qu'il est facile d'épargner, mais la plupart des gens veulent dépenser beaucoup plus qu'ils ne gagnent, et encore moins avoir la discipline nécessaire pour dépenser moins qu'ils ne gagnent. Elle commence donc comme une bataille mentale et émotionnelle difficile qui devient plus facile à mesure que vous suivez l'habitude et voyez les résultats de votre effort. Dépenser moins que ce que vous gagnez chaque semaine, chaque mois, chaque année est la seule façon d'accumuler de l'argent.

Combien d'argent devriez-vous mettre de côté pour accumuler de l'épargne ? Il doit s'agir d'un pourcentage afin que vous le transfériez automatiquement sur un compte d'épargne distinct chaque fois que vous recevez des revenus, sans exception. La fourchette de 10 à 30 % est le pourcentage initial le plus efficace pour les personnes qui continuent à épargner pendant de longues périodes. Au fur et à mesure que vous enregistrez un pourcentage fixe, il deviendra plus courant, automatique et attendu. Vous serez alors prêt à augmenter votre pourcentage. Et plus le taux d'épargne est élevé, plus vous serez motivé pour continuer à épargner.

Au cours des fragiles premières années d'épargne, vous ne pouvez faire qu'une seule erreur financière pour effacer tout ce que vous avez épargné jusqu'à présent. Et le mauvais coup le plus courant ne se présente pas comme tel lorsqu'il se produit. Ce mouvement de drainage peut également commencer insidieusement et créer une habitude différente, celle de la destruction des richesses. Vous connaissez le problème : payez le solde de votre carte de crédit en totalité, tous les mois, sans exception. Par exemple, si vous n'avez pas économisé de l'argent pour des vacances avant votre départ et que vous le débitez ensuite sur votre carte de crédit, il y a de fortes chances que vous ne le remboursiez pas avant longtemps. Les sociétés de cartes de crédit le savent et vous prennent des intérêts au lieu de vous en faire gagner. Vous êtes passé du côté obscur de la destruction des richesses, où il est plus courant que le solde de votre carte de crédit augmente plutôt que de diminuer.

Retournons à la construction de votre richesse. Une fois que vous avez commencé à mettre de côté le pourcentage d'épargne que vous avez décidé et que vous avez ouvert un compte d'épargne dédié, vous devez examiner attentivement vos relevés pour vous motiver. Examinez les progrès que vous avez réalisés jusqu'à présent et voyez comment vous vous rapprochez de vos objectifs financiers. Et une autre motivation est de se récompenser en dépensant de l'argent pour soi-même lorsque l'on atteint certaines étapes. Par exemple, vous pourriez commencer par un objectif de 500 dollars et vous récompenser avec quelque chose d'important ; ensuite, chaque fois que vous doublez le montant de votre épargne, vous obtenez une autre récompense.

Les vrais déterminants de la création de richesse

L'éducation formelle de l'élite est surestimée

Il existe un grand mythe selon lequel le fait d'aller dans une bonne école et de trouver un bon emploi vous aidera à créer de la richesse. En réalité, il est plus probable qu'elle vous enterre dans de telles dettes que vous serez proche de la retraite au moment où vous serez libéré de vos dettes.

Les dépenses importantes associées aux institutions d'élite servent deux objectifs. (1) Fournir un réseau/structure par lequel les élites riches peuvent conserver le pouvoir ; et (2) faire peser sur les non riches une dette énorme. Dans son ouvrage de référence,

Education and the Rise of the Corporate State, Joel Spring a écrit que "le développement d'un système de type industriel dans les salles de classe du XIXe siècle n'est pas le fruit du hasard. Russell Conwell, membre de la riche élite et fondateur de l'un des plus anciens établissements d'enseignement d'Amérique, l'université Temple, a exprimé des sentiments qui, selon lui, devraient être intégrés à l'éducation :

"Les hommes qui s'enrichissent sont peut-être les hommes les plus honnêtes que l'on puisse trouver dans la communauté... Quatre-vingt-dix-huit hommes riches sur cent en Amérique sont honnêtes. C'est pour cela qu'ils sont riches. C'est pourquoi on leur fait confiance avec notre argent... C'est parce que ce sont des hommes honnêtes... le nombre de pauvres avec qui sympathiser est très faible. Sympathiser avec un homme que Dieu a puni pour ses péchés... c'est faire le mal.

CRÉATION DE RICHESSE

Les emplois d'élite qui créent de la richesse sont rares

En substance, l'éducation de l'élite construit un système de castes financé par la dette. Il existe deux scénarios prédominants auxquels les étudiants de l'élite de l'éducation sont confrontés à la fin de leurs études. Il y a ceux qui sortent de ces écoles sans dette et qui n'avaient pas vraiment besoin de l'avantage d'une éducation d'élite de toute façon, et ceux qui sont endettés et qui deviendront des rouages de la machine pour les intérêts de ceux qui sont sans dette. Pour ceux qui croient pouvoir se sortir de cette énorme montagne de dettes en gravissant l'échelle des entreprises au pays des opportunités, détrompez-vous. En 1965, les PDG aux États-Unis gagnaient environ 24 fois plus que leurs employés. En 2006, les PDG aux États-Unis gagnaient 262 fois plus que leurs employés (Source : BBC News, 22 juin 2006).

De plus, en 2005 et 2006, les PDG des 11 plus grandes entreprises américaines ont collecté

865 millions de dollars en salaires alors que leurs dirigeants ont fait perdre aux actionnaires 64 millions de dollars en actions de la société. Que son leadership ait détruit des milliards de dollars de richesse sur le marché boursier n'a aucune importance. Ils ont quand même été récompensés. C'est ainsi que fonctionne le système moderne de castes.

À moins que vous n'étudiiez l'ingénierie, le droit, l'architecture ou la médecine, la plupart des études formelles ne sont pas pertinentes pour la création de richesse, mais vous êtes sûr de la construire beaucoup plus rapidement si vous devenez entrepreneur et/ou apprenez à investir correctement. L'éducation formelle ne changera que lorsque la plupart des écoles commenceront à enseigner ce qui est vraiment nécessaire pour réussir financièrement plus tard dans la vie. Et cela inclut des cours sur :

1. investir dans des actions et des actifs non commerciaux

2. L'effet de levier.

3. il est temps de faire pression.

4. Construire des réseaux performants.

Dans l'état actuel des choses, on peut aller à Harvard ou à Oxford, obtenir un doctorat et être encore mal préparé pour générer des richesses. Il ne fait aucun doute que le réseau qui se construit dans ce type d'institutions est exponentiellement plus précieux que l'éducation que l'on y reçoit.

Économiser de l'argent = perdre de l'argent

Le pire conseil est peut-être de faire des économies et de mettre de l'argent de côté. Mettre de l'argent sur un compte d'épargne et le laisser là au taux d'intérêt "X", c'est tout simplement transformer votre argent en poussière. Il existe presque toujours de bonnes opportunités d'investissement risque-récompense quelque part dans le monde, et pas seulement sur les marchés boursiers. Si, par exemple, les opportunités immobilières en Corée sont faibles, alors l'Argentine ou l'Islande peuvent être en plein essor. Il s'agit simplement d'élargir ses perspectives pour les trouver et d'être toujours informé sur ses problèmes économiques et sur le lieu où l'on vit. Avoir de l'argent en réserve et ne pas travailler pour vous n'est jamais une bonne stratégie lorsque vous voulez vous enrichir.

Les deux plus grands voleurs en matière de création de richesse

Les deux plus grands voleurs de richesses qu'une personne rencontrera sont les déductions fiscales et les poursuites judiciaires. Les impôts jouent contre vous en réduisant votre patrimoine. Il s'agit notamment de l'impôt fédéral sur le revenu, de l'impôt des États, de l'impôt sur le revenu, entre autres (cela dépend du pays).

Ensuite, les poursuites judiciaires sont l'autre mal. Ce n'est pas la lente réduction de votre patrimoine comme pour les impôts. C'est la confiscation soudaine de l'argent que vous avez travaillé à générer. Vous pouvez littéralement tomber du haut du totem au bas du tonneau pendant la nuit. Je crois qu'il n'y a pas de gagnants dans les procès car même "gagner" un procès demande du temps et de l'argent qui vous ralentiront. Là encore, vous pouvez vous protéger en apprenant à vous structurer correctement.

Pour comprendre ces stratégies, il est essentiel de différencier les concepts d'actif et de passif. Posez-vous la question suivante : un investissement immobilier est-il un atout ou un handicap ? Vous vous dites peut-être : "Il génère des revenus et apporte de l'équité, il doit donc être un atout.

Cependant, la réponse est plus complexe. Vous devez examiner comment vous détenez le titre de propriété de cette propriété. Si vous ne le possédez pas correctement et qu'il n'est pas bien structuré, vous pourriez être en danger. Si vous avez votre maison, votre voiture, vos comptes bancaires ensemble, quelqu'un peut les prendre tous en même temps. Vous devez donc apprendre à structurer l'entité.

Le système ultime de création de richesse

La plupart des gens recherchent le meilleur système de création de richesses pour la majeure partie de leur vie. Chacun a, s'il le souhaite et s'y engage, la capacité de gagner de l'argent. Quel que soit votre niveau d'éducation ou de compétence, vous avez le pouvoir de générer des revenus. Vous voulez entendre les bonnes nouvelles à ce sujet et savoir comment cela vous relie au système de création de richesse ultime ? Ce n'est pas le montant que vous gagnez, mais ce que vous en faites qui détermine votre situation financière. La seconde moitié du système de création de richesse ultime est ce que vous faites avec l'argent que vous gagnez. Il existe un système de contrôle des flux d'argent pour créer de la richesse. Les gens très riches connaissent ce système. Il fonctionne que vous soyez un employé qui travaille pour quelqu'un d'autre et que vous utilisiez le système pour contrôler le flux de vos revenus personnels, ou que vous soyez un propriétaire d'entreprise qui utilise le système pour contrôler le flux de ses revenus. C'est un système incroyablement simple.

1. dépensez moins que vous ne le faites: réduisez vos dépenses pour fonctionner dans la limite de vos revenus.

2. ÉCONOMISEZ AU MOINS 10 % DE VOS REVENUS ET JAMAIS DE DÉPENSES: Mettez de côté régulièrement des sommes d'argent provenant de vos revenus pour l'avenir : payez-vous d'abord et épargnez de l'argent pour votre liberté financière. Le dernier système de création de richesses exige un minimum de 10 % du revenu en épargne pour chaque centime gagné. Oubliez que vous l'avez. Au fur et à mesure qu'il s'accumule, déplacez-le vers des endroits qui génèrent de meilleurs intérêts que les comptes d'épargne bancaire, à la bourse. Cela inclut l'achat de maisons et d'immeubles commerciaux que vous pouvez louer pour gagner plus d'argent. C'est ce qu'on appelle mettre votre argent à votre service.

3. N'ACHETEZ PAS A CREDIT: payez plutôt en espèces. L'endettement est une maladie que vous devriez éviter de contracter. Déterminez ce que vous voulez acheter et économisez de l'argent pour l'achat chaque semaine jusqu'à ce que vous ayez l'argent nécessaire. Pour les gros achats comme les voitures, le mobilier et l'équipement, achetez d'occasion au lieu de neuf. N'oubliez pas que ces objets perdent de leur valeur dès que vous les achetez.

4. TROUVEZ DES MOYENS DE GAGNER PLUS D'ARGENT: Le coût de la vie augmente d'environ 3,5 % chaque année (selon le pays où vous vivez), vous devez donc gagner plus d'argent pour pouvoir suivre le rythme. Si vous travaillez pour quelqu'un d'autre, augmentez votre valeur pour l'entreprise en prenant plus de responsabilités et en apprenant à en faire plus ; puis demandez une augmentation. Il faut être prêt à exercer un deuxième emploi si nécessaire pour se désendetter et commencer à économiser.

Si vous êtes propriétaire d'une entreprise, examinez votre gamme de produits et de services et découvrez comment vendre des articles plus rentables. Vous devez être prêt à abandonner les articles qui ne génèrent pas suffisamment de profits en termes de temps, d'efforts et de coûts pour les vendre. Le secret pour gagner plus d'argent est assez simple si vous y prêtez attention.

5. UTILISEZ VOTRE ARGENT POUR AUGMENTER VOTRE REVENU: après avoir remboursé votre dernier projet de création de richesse, qu'il s'agisse de 10 à 30 % d'épargne et du paiement de vos factures, utilisez l'argent restant de manière à augmenter votre capacité à générer davantage de revenus.

Pourquoi est-il si important de contrôler le flux d'argent ? C'est l'énergie et la force vitale d'une entreprise ou d'un foyer. Il doit d'abord être pompé dans les régions productrices de revenus pour qu'il fonctionne bien. Tout fonctionne mieux quand il y a de l'argent disponible.

Cela semble simple, n'est-ce pas? Et c'est simple. Le dernier système de création de richesses est facile à apprendre et peut être utilisé pour gagner votre liberté financière. Cependant, il faut de la discipline et un engagement personnel pour atteindre l'objectif d'indépendance financière afin de ne plus jamais avoir à se soucier de l'argent.

La grande nouvelle, c'est que vous avez le contrôle de ce système. Si tout est fait correctement et de manière cohérente, le résultat final est toujours une grande quantité d'argent en caisse, toutes les factures payées et beaucoup d'argent en réserve pour financer ce que vous voulez vraiment faire avec votre argent ; pas seulement payer les factures. La manière dont vous contrôlez les flux financiers déterminera la survie de votre entreprise ou de votre famille, aujourd'hui et à l'avenir. L'application correcte de ces cinq étapes fera fonctionner ce système de création de richesse pour vous.

La création de richesses : un avantage de l'accession à la propriété

La gestion de patrimoine est un concept difficile à comprendre pour de nombreuses personnes, notamment en termes d'investissement et d'épargne pour l'avenir. Avec des options telles que les actions, les obligations, les 401K, les 529 et plus, le choix de la bonne option de gestion de patrimoine peut être difficile au mieux et peut prêter à confusion dans de nombreuses circonstances. C'est pourquoi il existe des sociétés de gestion de patrimoine qui sont expertes dans ces services et qui n'existent que pour aider les personnes fortunées à surmonter les difficultés de la gestion de patrimoine et de la banque privée, ainsi que pour informer les gens sur les endroits où placer leur argent et sur la manière dont chaque investissement contribuera à la croissance de leurs finances.

Banque privée

Si vous souhaitez en savoir plus sur les différentes façons d'investir votre argent ou de planifier votre retraite, vous pouvez vous renseigner sur les options de la banque privée. Dans la banque privée, vous disposez d'un gestionnaire de compte direct que vous pouvez contacter à tout moment si vous avez des questions sur votre compte et sur la gestion de vos avoirs. La banque privée offre de nombreuses possibilités d'investissement, et la plupart sont assez simples à comprendre, ce qui en fait une option privilégiée pour de nombreuses personnes qui ne sont pas familières avec la gestion de patrimoine.

Services de gestion de patrimoine

Pour ceux qui ne comprennent pas bien, le concept de services de gestion de patrimoine est disponible sous plusieurs formes pour aider à déterminer comment gérer les finances. La gestion de patrimoine ne se limite pas à respecter un budget, elle implique également de planifier l'avenir. Diverses institutions peuvent aider à enseigner aux gens comment gérer leur argent et leur fournir des services complets de gestion de patrimoine.

Sociétés de gestion de patrimoine

Avez-vous envisagé une société de gestion de patrimoine ? Vous avez parlé à des banquiers privés et n'aimez pas les options qu'ils proposent pour la gestion de fortune. Vous n'êtes pas un fanatique de l'informatique, vous ne voulez donc pas investir dans un logiciel de gestion de patrimoine. Cependant, vous avez besoin d'une solution personnalisée pour faire fructifier vos actifs plus rapidement et vous n'avez aucune idée de l'endroit où investir. Les sociétés de gestion de patrimoine sont conçues pour vous aider à vous mettre sur la bonne voie. Avec un conseiller personnel, vous pourrez configurer vos options d'investissement pour atteindre vos objectifs spécifiques avec la quantité d'informations que vous jugez nécessaire.

Logiciels de gestion de patrimoine

Vous pouvez également considérer les avantages des logiciels de gestion de patrimoine. De nombreuses personnes ont suffisamment de difficultés à gérer leurs finances pour planifier d'un chèque à l'autre, et encore moins pour avoir un objectif pour l'avenir. En matière de gestion de patrimoine, la plupart des gens sont complètement nerveux à l'idée d'avoir un budget qui tient compte non seulement des provisions à acheter demain, mais aussi de celles qu'il faudra acheter après la retraite dans 40 ans. Le logiciel de gestion de patrimoine est un outil utile pour créer vos plans financiers afin que vous puissiez vous sentir à l'aise avec votre mode de vie actuel, être sûr d'avoir les actifs dont vous aurez besoin à l'avenir et être en mesure de réaliser certains de vos rêves en attendant.

CRÉATION DE RICHESSE

Vous vous demandez pourquoi il ne s'enrichit pas rapidement

Il faut être clair qu'il n'y a pas de raccourcis pour accéder à la richesse instantanée. Bien que certains incidents très médiatisés d'extrême richesse se soient produits presque du jour au lendemain, comme dans le cas de Google et d'autres succès "instantanés", même dans ces cas, il y a eu de grands risques et de grands capitaux dépensés pour créer de la richesse. En fait, les facteurs les plus importants qui mènent au succès dans les affaires sont la volonté de prendre des risques, la volonté de dépenser des capitaux, la capacité de se concentrer sur une idée et de la concrétiser, et un peu de bonne vieille chance. La plupart des personnes qui ont accumulé des richesses l'ont fait au fil du temps. De plus, ils en viennent à investir avec un plan discipliné et la poursuite implacable de leur rêve.

Beaucoup de gens veulent posséder leur propre entreprise et devenir entrepreneurs, mais n'ont pas les bons conseils ou une idée qui les mènera à une entreprise très prospère, ou qui changera totalement la dynamique d'un modèle d'entreprise. Heureusement, ce n'est pas nécessaire pour réussir en tant qu'entrepreneur. S'il est vrai qu'il serait agréable d'avoir une de ces idées très réussies, il existe de nombreuses autres façons de devenir propriétaire d'une entreprise. L'achat d'une entreprise existante est l'un des moyens de rejoindre les rangs du monde des affaires. Il existe des entreprises individuelles et des franchises qui peuvent être achetées directement ou financées par divers moyens. Il s'agit généralement d'une entreprise coûteuse, qui nécessite généralement de quitter son emploi à plein temps pour gérer le secteur. Cela implique également un certain degré de risque, mais si vous faites vos devoirs et passez le temps nécessaire pour gérer le levier du prix d'achat, ainsi que les opérations quotidiennes, cela peut être un excellent moyen de générer des richesses à long terme.

Là encore, il n'y a pas de balade gratuite, car personne ne vous fournira tous les outils nécessaires pour gérer une entreprise rentable, sans frais. À moins que vous ne soyez strictement intéressé par l'exécution d'une tâche spécifique à domicile contre rémunération, la plupart des modèles commerciaux à domicile ou en ligne vous obligent à dépenser de l'argent pour héberger un site, rejoindre des affiliés et commercialiser. Ce sont des attentes raisonnables lorsqu'on utilise un programme de franchise ou d'affiliation existant. Le développement de sources de revenus multiples est très souhaitable et peut être réalisé en développant une entreprise à domicile en même temps que votre emploi à temps plein. Si votre objectif peut être de quitter votre emploi à temps plein ou d'augmenter votre retraite, le développement d'une entreprise en ligne ou à domicile peut être une façon enrichissante de devenir entrepreneur.

En bref, la constitution d'un véritable patrimoine permet de développer des flux de revenus et le fait d'investir systématiquement dans des actifs diversifiés permet d'accroître l'équité et la sécurité financière. Un jour, vous regarderez votre portefeuille d'investissement et vous vous rendrez compte que vous avez accumulé des richesses plus rapidement que vous ne le

CRÉATION DE RICHESSE

pensiez.

DE NOMBREUX SUCCÈS SUR LA VOIE DE LA LIBERTÉ FINANCIÈRE !

Visitez notre site web! Obtenez d'autres livres de MENTES LIBRES!

https://www.amazon.fr/MENTES-LIBRES/e/B08274DDV4?ref_=dbs_p_ebk_r00_abau_000000

Si vous le souhaitez, vous pouvez laisser votre commentaire sur ce livre en cliquant sur le lien suivant afin que nous puissions continuer à nous développer! Merci beaucoup pour votre achat!

https://www.amazon.fr/dp/B08996KLH2

www.ingramcontent.com/pod-product-compliance
Lightning Source LLC
Chambersburg PA
CBHW071413210526
45465CB00001B/373